El

Súper

Arrendador

Piensa, actúa y gana como él

Danilo Di Nuzzo

El Súper Arrendador
Copyright © 2022 por Danilo Di Nuzzo

Aviso Legal:

Al adquirir este libro, el derecho de redistribuir el material escrito NO se transfiere al lector. El lector acepta no distribuir, copiar, modificar, o explotar comercialmente cualquier material encontrado en este documento.

Todos los derechos reservados. Excepto por citas breves en revistas impresas, ninguna porción de este libro podrá ser reproducida, almacenada en algún sistema de reproducción o transmitida en cualquier forma o por cualquier medio -mecánicos, fotocopias, grabación u otro-, sin la autorización previa por escrito del autor.

Índice

Dedicatoria

Cuando quieres que algo salga realmente bien, tienes que estudiar, creer, actuar, aprender de tus errores y nunca rendirte hasta que lo logres.

No hay otra manera.

Dedico este libro a todas las personas que cada día se esfuerzan por aprender cosas nuevas y mejorar sus vidas.

Sobre mí

Danilo Di Nuzzo

Danilo Di Nuzzo es un asesor, empresario e inversor inmobiliario que se desempeña hace ya muchos años en la ciudad de Panamá.

Desde muy joven comenzó con adquisiciones inmobiliarias durante los prósperos años del auge inmobiliario, para luego trasladar su atención al interior del país.

Hoy, su negocio se expande por diversas localidades del país de nombre homónimo, donde se dedica a comprar terrenos para segregar y vender en parcelas más pequeñas.

Se ocupa también de terrenos más grandes, en los cuales realiza estudios para diversos proyectos que tienen márgenes elevados de ganancia, listos para ser adquiridos y explotados por grandes compañías de construcción.

En 2021 fundó en España la Real Estate Protocol S.L. sociedad que se ocupa de crowdfunding inmobiliario directo y tokenización inmobiliaria. Gracias a la moderna tecnología de Blockchain, permite a los pequeños inversores acceder a las grandes y rentables inversiones inmobiliarias.

Si quieres trabajar directamente con Danilo, puedes contactarlo telefónicamente al +507 6983-9788 o al siguiente correo electrónico: danilo8@iol.it

Introducción

Este libro está dirigido a todos aquellos que son propietarios de un inmueble o que aspiran a serlo, tratando de integrar la gestión de la inversión de alquiler con su vida personal.

Poseer uno o más bienes inmuebles con el propósito de percibir una ganancia mensual es, sin duda, una cosa muy codiciada. Tal vez sea la inversión de renta pasiva más conocida y utilizada universalmente en el mundo. ¿Quién nunca lo deseó por lo menos una vez?

Creo que muchos en realidad. Esto es muy fácil de querer, especialmente para aquellos que sólo se centran en los beneficios económicos para el propietario.

Como puedes imaginar, ser arrendador no es solo cobrar el alquiler, sino también ocuparse de muchas otras cosas que van más allá de lo obvio.

El Súper Arrendador debe actuar de la manera y en el momento adecuado, lo que no significa "sin cometer errores", sino cometiendo errores (eventualmente) y siempre haciendo lo correcto.

La definición de Súper Arrendador es la siguiente: el que actúa coherentemente en cada situación, que trata exactamente cómo preferiría ser tratado si estuviera en los zapatos del arrendatario, que crea una armonía productiva entre la propia persona, el propio inmueble y el arrendatario.

Si estas características ya están presentes dentro de ti, El Súper Arrendador no hará más que confirmar tu condición de S.A.

Si en cambio no están o apenas están presentes, este libro te ayudará a acentuarlas y desarrollarlas de la manera correcta, haciéndolas predominar enérgicamente.

Te permitirá disfrutar de todos los beneficios asociados con ser un Súper Arrendador.

Una reflexión importante antes de comenzar: ya que he utilizado las palabras Súper Arrendador varias veces, he preferido utilizar la abreviatura S.A.

Ahora sí, que tengas una buena lectura.

Danilo Di Nuzzo

"El S.A. es un gran defensor de la igualdad de derechos. Nunca pide a sus inquilinos más de lo que se pide a sí mismo"

S

e trata de ser razonable y coherente, añadiendo a todo un poco de sentido común. Este último nunca falla.

Si el S.A. quiere que su inquilino pague siempre puntualmente, deberá ser igual de puntual en el cumplimiento de sus deberes como arrendador.

Responder rápidamente a las preguntas y minimizar los tiempos de espera para las reparaciones, son un buen ejemplo de cómo el S.A. quiere que se manejen las cosas.

Recuerda ofrecer y esperar lo máximo, sólo después de dar el buen ejemplo con tu propio accionar.

"El momento que el S.A. prefiere es el de la renovación contractual, no el de la firma de un nuevo contrato de arrendamiento.

É

l sabe bien, ya que lo ha calculado meticulosamente, que resulta más rentable renovar repetidamente el contrato a un buen inquilino satisfecho, que cambiarlo por un extraño. En el negocio de los arrendamientos, la continuidad es la base para la maximización de la rentabilidad. Excepto en casos especiales que deben ser evaluados cuidadosamente.

"Cuando hay un problema, el momento adecuado para actuar es de inmediato"

"Cuando hay un problema, el momento adecuado para actuar es de inmediato"

E

l S.A. nunca pospone una reparación. Lo hace lo antes posible por dos sencillas razones:

- no quiere que su inquilino se sienta incómodo y no quiere ver su inmueble en condiciones que no sean impecables.

- Su regla es hacerlo bien y rápido.

"El S.A. nunca le pide a su inquilino que se encargue personalmente de una reparación".

C

onoce su propiedad mejor que nadie y sabe muy bien que el alquiler que se le paga incluye la obligación de actuar con prontitud cuando sea necesario.

El S.A. siempre tiene claros los límites de la relación entre arrendador y arrendatario.

"El S.A. devuelve una llamada al inquilino lo antes posible"

A

unque una llamada puede significar un problema que resolver y dinero para gastar, el S.A. contacta a su inquilino lo antes posible. Es un acto de cortesía, indispensable para mantener alto su bienestar.

El S.A. sabe bien que poner las cosas en orden, representa siempre la mejor forma para maximizar el rendimiento de una propiedad inmobiliaria.

"Cuando el S.A. está hablando con un inquilino potencial, nunca miente sobre los detalles de su propiedad"

E

n primer lugar, porque va en contra de sus principios y de su código moral de negocios.

En segundo lugar, porque las mentiras salen a la luz, especialmente si el cliente decide firmar el contrato de alquiler y convertirse en el nuevo arrendatario.

"El S.A. no tiene prejuicios de ningún tipo cuando elige un inquilino. Lo único que importa es maximizar su ingreso anual y minimizar el riesgo de morosidad"

E

l S.A. no tiene problemas en establecer relaciones de negocios con personas cuyos valores están en claro contraste con los suyos. Lo importante es que siempre reciba el alquiler en el pleno respeto de la ley.

"La respuesta favorita del S.A. es la directa"

C

uando un inquilino paga tarde o se comporta de manera inoportuna, el S.A. manifiesta su desacuerdo sin rodeos.

No va a regañar, sino a aclarar las cosas por el bien de todos.

Las relaciones a largo plazo entre el inquilino y el propietario son como una maratón en la que hay que administrar bien el uso de las energías para llegar a la meta.

Cuando el S.A. habla con un inquilino potencial cuyo perfil no es de su agrado, lo dice directamente. Cada uno continuará su búsqueda y ambos se beneficiarán.

"Cuando el S.A. compra algo para su inmueble, siempre elige la opción más barata entre las mejores soluciones"

A

l S.A. no le gusta gastar más de lo debido, pero eso nunca va en detrimento de la calidad. De hecho, entiende muy bien que el exceso de ahorro nunca es una ganancia.

Cuando el S.A. compra un objeto para su propiedad, lo hace como si estuviera eligiendo un ingrediente para el plato que está cocinando.

Sabe que una mala elección puede arruinar la comida tanto como la cena.

"El S.A. dice que sí a su inquilino, siempre y cuando la petición sea sensata y razonable"

S

abe muy bien que complacerlo dentro de ciertos límites puede aumentar la calidad de su inmueble y la rentabilidad de su inversión.

Pero cuando es necesario también sabe decir no y lo hace sin dudarlo.

"El S.A. sabe muy bien qué calidad de inquilino significa cantidad de dinero"

E

l S.A. es un corredor que nunca toma un atajo que podría ser potencialmente sin salida. Por eso no elige un inquilino sólo en base a lo que está dispuesto a pagar.

Rechaza a todos aquellos que no lo convencen plenamente.

Sabe perfectamente que es la suma que hace el total y él prefiere el máximo, pero a largo plazo.

"El S.A. es consciente de que el negocio de bienes raíces no es fácil y de que esconde varias trampas"

L

os riesgos y las dificultades crean una barrera que aísla las buenas oportunidades del resto de los compradores.

El S.A. tiene éxito gracias a su capacidad de súperar esos obstáculos, no porque encuentre oportunidades que estén al alcance de todos.

"El S.A. sabe muy bien que el conocimiento del mercado inmobiliario y del negocio de los alquileres no significa automáticamente ganar dinero"

E

l conocimiento es el valor potencial que está en la base del éxito. La acción es el requisito previo para llegar a la ganancia de dinero.

El S.A. actúa con rapidez, eliminando la emotividad de todos sus gestos vinculados al mundo de los negocios inmobiliarios.

Siempre hace lo más correcto y rentable a largo plazo, por eso necesita que detrás de cada decisión haya un trabajo de estudio y análisis preciso de la información.

"El S.A. confía en sus inquilinos y les tiene aprecio"

"El S.A. confía en sus inquilinos y les tiene aprecio"

P

ero también está enamorado de sus bienes y del flujo de dinero que le generan. Por esta razón siempre prefiere tener todo bajo control y ser actualizado en lo que se refiere a sus propiedades.

"El S.A. visita periódicamente sus inmuebles, no por falta de confianza, sino porque cree que es lo más correcto. Siempre respetando la ley y la tranquilidad de sus inquilinos"

E

l S.A. escucha con atención a su inquilino y siempre trata de satisfacer sus demandas, en la medida de lo posible.

No lo hace por debilidad, sino por racionalidad.

El S.A. tiene muy claros cuáles son los límites que sus clientes no deben cruzar, y hace que su inquilino los visualice siempre con claridad.

"El S.A. nunca se deja intimidar por su inquilino durante una discusión"

"El S.A. nunca se deja intimidar por su inquilino durante una discusión"

N

o se rinde y no tiene miedo de dejar sus bienes vacíos por unos meses. La estabilidad económica del S.A. no depende de los caprichos de un inquilino. Si no puede llegar a un acuerdo, prefiere pedirle que abandone la propiedad.

"El S.A. sabe cómo patear un penalti sin el arquero.

A

diferencia de muchos otros, cuando encuentra un negocio inmobiliario que parece demasiado bueno para ser verdad, se lo toma en serio y no lo deja escapar.

El S.A. nunca pronuncia frases como: 'si fuera cierto, alguien ya lo habría comprado' o 'es imposible, tiene que haber algo mal'.

"Para el S.A. la compra de un nuevo inmueble es como un beso apasionado: el preludio de emociones futuras"

E

l S.A. sabe que hoy existen varias opciones de inversión, que pueden controlarse a distancia a través de los potentes medios de comunicación de que dispone. Pero él siempre prefiere el negocio de los alquileres porque le gusta la solidez de los inmuebles y el constante flujo de dinero que produce.

Cuando el S.A. habla con su agente inmobiliario de confianza, quiere que le diga exactamente 'cuánto', no aproximadamente 'como mucho'.

El S.A. se interesa principalmente por el beneficio a largo plazo y evita con prudencia las hipótesis demasiado optimistas.

Siempre pretende el camino más realista y quiere recorrerlo en el menor tiempo posible.

"El S.A. siempre llega a tiempo, pero decide con calma frente a un negocio inmobiliario"

"El S.A. siempre llega a tiempo, pero decide con calma frente a un negocio inmobiliario"

P

or muy tentador que sea, sabe que la prisa es una mala consejera, así que se toma todo el tiempo que necesita para decidir.

El S.A. no tiene miedo de perder una buena oportunidad, porque conoce bien el mercado y está dispuesto a aprovechar la próxima.

Es consciente de que sabe cómo moverse y de que está en el lugar correcto, así que se mantiene pacientemente alerta como solo un buen depredador puede.

"A pesar de que el S.A. aprecia el negocio del alquiler, está mentalmente abierto a evaluar también otros tipos de inversión"

S

u elasticidad mental le lleva a estudiar con interés todo lo que es similar a su negocio preferido en cuanto a nivel de riesgo (bajo) y rentabilidad anual (estable).

"El S.A. duerme y quiere dormir siempre tranquilo"

"El S.A. duerme y quiere dormir siempre tranquilo"

I

ndependientemente de las subidas y bajadas del mercado y de situaciones extraordinarias, siempre consigue lo mejor de sus propiedades alquiladas.

El S.A. nunca se pierde una Navidad en familia o una cita importante con un amigo. Dedica tiempo a ocuparse de sus bienes y a estudiar el mercado, pero nunca lo hace más de lo necesario.

"El S.A. sabe muy bien cuáles son las prioridades de la vida y es también por eso que ha elegido el negocio de los alquileres.

P

asa todo el tiempo que puede con sus seres queridos mientras sus propiedades trabajan para él.

"El S.A. lleva a sus hijos cuando visita uno de sus inmuebles"

S

ólo lo hace cuando es posible y con la intención de enseñarles a ser Súper Arrendadores.

"El S.A. intenta enseñar también a amigos y familiares el arte de ser Súper Arrendadores"

E

l S.A. es generoso y altruista. Está dispuesto a compartir gratuitamente su experiencia con todos aquellos que tienen intenciones sinceras de aprender a invertir en el mundo de los alquileres.

Palabras como 'egoísmo', 'celos', 'envidia' están muy lejos de su modo de pensar y de actuar.

"El S.A. se ensucia los zapatos"

N

o tiene miedo de realizar tareas desagradables pero que son interesantes para su negocio.

Cuando el S.A. está remodelando su inmueble, visita a menudo la obra para estar siempre al corriente de todo y seguir los trabajos de cerca.

Cuando busca nuevas oportunidades inmobiliarias, está dispuesto a ir a cualquier rincón de la ciudad.

Sabe que incluso los barrios más humildes pueden ofrecer oportunidades increíbles y no está dispuesto a dejarlas escapar.

"El S.A. siempre mantiene actualizada su contabilidad"

T

rata cada uno de sus inmuebles como una pequeña empresa, registrando meticulosamente sus entradas y salidas.

Controla el estado físico de sus bienes y también el financiero, calculando la rentabilidad anual de cada unidad. De esta manera el S.A. dispone de todas las herramientas para tomar las mejores decisiones en todo momento.

"El S.A. no tiene miedo de invertir grandes sumas de dinero en propiedades para alquilar.

"El S.A. no tiene miedo de invertir grandes sumas de dinero en propiedades para alquilar.

H

a calculado exactamente en cuánto tiempo va a recuperar su capital y es consciente de que tiene todo bajo control.

El S.A. sabe que en el peor de los casos tendrá que esperar un poco más, pero esto no le preocupa en absoluto y ya está proyectado sobre la próxima inversión.

Sus estudios son realistas y sus finanzas son sólidas, sabe que debe concentrarse sólo en su trabajo, en la gestión de los alquileres y en la búsqueda de nuevas oportunidades (tanto en la compra como en la venta).

"El S.A. nunca se encariña emocionalmente con sus inmuebles y siempre está dispuesto a vender frente a una oferta que él considera conveniente desde un punto de vista económico"

E

l cree firmemente que el razonamiento y la emotividad viajan por dos caminos diferentes, así que nunca mezcla negocios con sentimientos. Los primeros siguen la lógica del beneficio, mientras que los otros de lógica no quieren saber nada.

"El único inmueble del que el S.A. sabe que puede enamorarse es en el que decidió vivir"

"El único inmueble del que el S.A. sabe que puede enamorarse es en el que decidió vivir"

E

n efecto, en este caso no cuenta ninguna reflexión sobre el alquiler y el beneficio económico. Lo único que importa es el bienestar que el S.A. y su familia disfrutan al utilizar el inmueble en cuestión.

Esto no tiene precio para quien pueda pagarlo.

"El S.A. puede mantener los pies en la tierra"

C

uando se trata de calcular la rentabilidad de un inmueble y evaluar objetivamente su adquisición.

"Pero tiene la cabeza en las nubes"

"Pero tiene la cabeza en las nubes"

E

n el momento en que anhela encontrar la siguiente ganga inmobiliaria.

Al S.A. le gusta invertir, pero no por ello se deja dominar por la emotividad. Compra solamente cuando los números están realmente de su lado.

"El S.A. no tiene miedo de cometer errores"

E

n primer lugar, porque es consciente de invertir su capital en bienes raíces y no en el arriesgado mercado de Forex.

Luego porque sabe que la experiencia tiene un gran valor y los errores son el precio que hay que pagar para conseguirla.

"Al S.A. le encanta invertir en propiedades para alquilar, porque producen dinero de forma pasiva, dejándole mucho tiempo libre para dedicarse a sí mismo, a su trabajo y a su familia"

E

sta es una de las principales razones por las que prefiere este tipo de inversión.

Cuando el S.A. posee más inmuebles de los que puede gestionar personalmente, contrata a un administrador que le ayude con todas las tareas simples y delegables.

El S.A. sabe delegar y prefiere en efecto pagar a alguien que realice ciertas tareas en su lugar, en vez de saturarse de trabajo e ir en dificultad.

El S.A. sabe bien cuáles son sus prioridades, por eso dedica principalmente su tiempo a estudiar el mercado y a evaluar oportunidades.

¿Quién podría hacerlo tan bien por él?

"El S.A. analiza el mercado inmobiliario y estudia cuidadosamente sus datos. Siempre lo hace personalmente porque la considera una tarea importante e imposible de delegar"

E

l S.A. está convencido de que hay varias cosas en su negocio que pueden ser delegadas a terceros, pero no esta. Es demasiado importante para decidir si comprar o vender un inmueble en particular, por lo que es algo que debe hacerse siempre en primera persona.

No hay agentes de bienes raíces o amigos mejor preparados que un S.A., que escucha la opinión de todos, pero sólo confía en sí mismo.

"Ser un S.A. nunca es un trabajo de tiempo completo"

"Ser un S.A. nunca es un trabajo de tiempo completo"

P

ara algunos es un ingreso pasivo mientras que para otros representa un estilo de vida.

"El S.A. nunca tiene prisa por encontrar un nuevo inquilino"

"El S.A. nunca tiene prisa por encontrar un nuevo inquilino"

P

ero siempre está interesado en hallar uno bueno.

"El S.A. no vive de alquileres y no vive para los alquileres"

E

n primer lugar tiene varias fuentes de ingreso, como su propio trabajo u otras inversiones.

Además, se esfuerza mucho por obtener lo mejor de sus propiedades, así que al final de cada día está tranquilo y sabe que ha hecho lo mejor para sí mismo y para sus inquilinos. Si algo no sale bien, el S.A. lo arreglará al día siguiente.

"El S.A. desarrolla una empatía con sus inquilinos y se preocupa mucho por su bienestar"

"El S.A. desarrolla una empatía con sus inquilinos y se preocupa mucho por su bienestar"

E

l S.A. tiene una sensibilidad sincera y auténtica que va más allá del dinero. Aunque este último tiene una importancia primordial para una inversión, nunca súpera la percepción y la consideración de los sentimientos de los demás.

"El S.A. deja su número de teléfono a todos, a menos que su trabajo o el tipo de actividad que realiza se lo impida"

T

odos los agentes inmobiliarios de la zona tienen su número, con el acuerdo de llamarlo sólo cuando hay algo de lo que vale la pena hablar. Como un buen arrendatario o un gran negocio inmobiliario.

En efecto, no le gusta ser molestado sin motivo, pero le gusta aún menos tener que preguntar: «¿Por qué no me has avisado?

"El S.A. prefiere el papel al digital, pero sólo si se trata de lectura"

C

uando está buscando información sobre el mercado inmobiliario, el S.A. sabe bien que internet es la herramienta más eficaz y la utiliza sin moderación.

"El S.A. nunca se jacta con los demás de su patrimonio inmobiliario"

C

uando habla de ello siempre lo hace con ganas de enseñar al prójimo los secretos de su 'oficio'. Su proceso de aprendizaje le costó tiempo y dinero, pero el S.A. no se avergüenza de decirlo. De hecho, quiere que los demás también lo sepan y aprendan de sus errores, aunque no hayan pagado el precio.

"El S.A. utiliza internet, el ordenador, el smartphone, la tableta, la bicicleta eléctrica y cualquier otro tipo de tecnología útil para su propósito"

S

iempre está abierto a entender e integrar el uso de una nueva tecnología en su propio mundo. Sabe que cada esfuerzo que hace para aprender a usar una nueva herramienta se traduce en hacer las cosas mejor y hacerlas en menos tiempo. O incluso ganar más dinero.

El S.A. utiliza la Blockchain, pero no sólo como método para recibir el pago del alquiler"

S

ería demasiado simple y obvio para alguien como él.

El S.A. es consciente de la gran potencia que le ofrece la moderna tecnología de Blockchain y la utiliza para participar en inversiones inmobiliarias de alto rendimiento, a las que por sí solo no podría acceder. Si deseas obtener más información sobre este tema, dada su complejidad, puedes ponerte en contacto conmigo en privado. Será para mí un gran placer charlar contigo. Mis datos de contacto están en el comienzo de este libro.

"En su trabajo, el S.A. no soporta la indecisión"

"En su trabajo, el S.A. no soporta la indecisión"

T

anto frente a un potencial arrendatario como a un posible negocio inmobiliario, el S.A. nunca está indeciso. Evalúa las cosas de forma rápida y cuidadosa, pero una vez completada la fase de reflexión, toma una decisión casi inmediatamente. Sus estudios lo llevan siempre ante una elección clara y nunca en un callejón sin salida.

El S.A. nunca pierde tiempo en dar una respuesta por dos razones: cuando acepta no quiere correr el riesgo de perder el cliente o el negocio, mientras que cuando rechaza quiere ser inmediatamente libre de seguir buscando la próxima oportunidad.

"Al S.A. le gusta leer"

N

o sólo las noticias sobre el mercado inmobiliario, sino también cuando sólo se trata de leer un contrato de arrendamiento antes de firmarlo.

El error está siempre a la vuelta de la esquina y la única manera de evitarlo es volver a controlar todos sus puntos. Esto vale también cuando el S.A. conoce perfectamente el contrato porque lo ha utilizado varias veces. Un exceso de seguridad puede ser perjudicial y la prudencia nunca es demasiada, incluso ara un tipo de inversión bien segura como la de los alquileres.

"El S.A. organiza (y eventualmente remodela) sus propios inmuebles de modo que sean hermosos y que sus inquilinos estén cómodos"

E

n su opinión, el aspecto estético es tan importante como el práctico, porque la belleza hace que se enamoren, pero la comodidad hace que se queden.

El S.A. sabe que necesita ambas cosas y las combina siempre de manera perfecta para sacar el máximo provecho con el mínimo esfuerzo.

Frente a la tendencia actual de construir edificios más pequeños y compactos, el S.A. busca siempre la forma más conveniente de optimizarlos mediante la instalación de muebles a medida y accesorios que permitan utilizar cualquier espacio del inmueble.

El S.A. ha comprendido desde hace tiempo que el concepto de inmueble 'moderno y compacto', sólo resulta rentable a largo plazo si es también 'práctico y funcional'.

El S.A. es obstinado, pero mentalmente abierto a hacer que su inmueble permanezca siempre en sintonía con el mercado.

"El S.A. perdona, pero nunca olvida"

C

uando alguien se comporta de manera inapropiada (inquilino o proveedor) su atención se centra únicamente en la resolución del problema. Después de haber obtenido lo que considera justo, aclara el inconveniente, perdona y proyecta la relación hacia un nuevo y pacífico equilibrio.

Olvidar sería mala gestión, por esta razón el S.A. no guarda rencor pero siempre pretende aprender de los errores (los propios y los de los demás).

"El S.A. juzga sin prejuicios"

A

menudo se encuentra en la posición de un juez que debe dictar sentencia contra un inmueble, un inquilino potencial o un proveedor.

Cuando elige su veredicto entre 'adecuado o inapropiado', lo hace únicamente en función de la información que tiene a su disposición y de las reflexiones que de ello se derivan.

El S.A. sabe que los prejuicios son como un obstáculo que podría interponerse entre sí mismo y el máximo del rendimiento anual de un inmueble.

"Al S.A. le gustan brillantes, pero sobre todo económicamente viables en el tiempo"

E

stoy hablando de inquilinos, muebles, inversiones, elecciones, relaciones y comportamientos.

Ejerce su capacidad de juicio para tomar decisiones siempre orientadas hacia estas características, en las que ha basado su negocio inmobiliario.

Para el S.A. evaluar la viabilidad de una inversión es una investigación objetiva, mientras que decidir hacerla es un acto subjetivo.

El S.A. es consciente de que lo que lo distingue de la mayoría de las otras personas es precisamente la capacidad de juicio que posee y su disponibilidad para ejercerla.

"¿Qué puede hacer el S.A. por un inquilino?"

"¿Qué puede hacer el S.A. por un inquilino?"

P

onerlo siempre en las condiciones de disfrutar de la propiedad por la que está pagando el alquiler.

"¿Qué puede hacer el inquilino por un S.A?"

"¿Qué puede hacer el inquilino por un S.A?"

P

agar el alquiler a tiempo y tratar el inmueble como si fuera suyo.

El S.A. sintetiza con pocas frases simples, el camino que conduce al éxito en un negocio de alquiler. Una combinación perfecta entre el respeto de las reglas y comportamientos virtuosos que complacen generosamente a ambas partes.

El S.A. pone su confianza en el enfoque constructivo y no en el destructivo"

C

uando presenta su propiedad a un cliente potencial, siempre habla bien de las suyas y nunca mal de las de los demás.

El S.A. se centra en sus propias características y no en los defectos de los demás.

De hecho, quiere ser puesto a prueba y demostrar la calidad de sus bienes inmuebles.

En pocas palabras, nunca intenta venderse despreciando a los otros.

"Querer es poder, y eso siempre es cierto, incluso para el negocio del S.A."

"Querer es poder, y eso siempre es cierto, incluso para el negocio del S.A."

L

o que manda, dentro de ciertos límites, es la voluntad de hacer las cosas bien.

Un apartamento en mal estado o una mala relación con el inquilino nunca son una casualidad, son el resultado de una serie de acciones realizadas voluntariamente.

El S.A. es consciente de que pueden llegar problemas de manera totalmente accidental, independientemente de la calidad de sus decisiones.

La adversidad siempre puede traer algunos problemas, pero la voluntad los resuelve de inmediato.

El S.A. está firmemente convencido del vínculo que existe entre la voluntad y el poder.

*"El S.A. nunca inspecciona un inmueble
sin avisar previamente al inquilino"*

E

l S.A. sabe que no es un funcionario público y no pretende comportarse como tal. Cualquier inspección, tanto por razones legales como de buenas costumbres, debe anunciarse y acordarse previamente con el inquilino.

Cuando está frente a situaciones incómodas, el S.A. busca siempre la vía diplomática de la mediación, luego en ausencia de buenos resultados procede por vía judicial.

Pero por ninguna razón, controla su inmueble alquilado sin avisar al arrendatario.

"El S.A. nunca llama inútilmente a su inquilino"

"El S.A. nunca llama inútilmente a su inquilino"

I

ncluso para un inquilino virtuoso, la llamada del arrendador podría significar un estrés innecesario.

El S.A. evita todo lo que puede ser evitable y sólo llama cuando es estrictamente necesario. Para comunicaciones menos urgentes utiliza siempre medios más discretos como whatsapp y email.

"El S.A. siempre trata de evitar gastos innecesarios y no se avergüenza de ello"

"El S.A. siempre trata de evitar gastos innecesarios y no se avergüenza de ello"

I

ncluso cuando tiene varias propiedades y una excelente renta mensual, siempre intenta gastar lo menos posible.

No se trata de ser tacaño, sino de ser consciente de que su bienestar económico es también el fruto de tantas pequeñas atenciones a los precios. El S.A. presta atención a todo tipo de gastos a menos que se trate de cifras realmente irrelevantes.

"El S.A. frente a pequeñas discusiones siempre intenta dar la razón a su inquilino"

N

o lo hace por debilidad, sino por ganas de tranquilidad.

El S.A. considera más bien un signo de debilidad no poder dar la razón y seguir en discusiones de poca importancia.

"Para cobrar el alquiler el S.A. acepta transferencias, cheques, criptomonedas y cualquier otro método de pago digital.

P

refiere evitar sólo dos métodos que considera obsoletos para este fin: el trueque y el efectivo.

"Cuando hay que realizar un trabajo dentro de un inmueble, el S.A. nunca lo hace en el fin de semana"

"Cuando hay que realizar un trabajo dentro de un inmueble, el S.A. nunca lo hace en el fin de semana"

S

iempre respeta el tiempo y el espacio del inquilino, asegurándose de que sea durante los días laborables. A menos que sea algo urgente.

Cuando ocurren acontecimientos extraordinarios que exigen compromiso total también por parte del inquilino, el S.A. pide su completa colaboración. En fin, no puede hacer milagros y debe actuar inmediatamente por el bien de ambos.

"El S.A. cree que su propiedad es como un 'rompecabezas', y que el inquilino es la última pieza que falta para completarlo"

"El S.A. cree que su propiedad es como un 'rompecabezas', y que el inquilino es la última pieza que falta para completarlo"

S

i el perfil del arrendatario potencial no encaja perfectamente con las características requeridas por el S.A., significa que el 'rompecabezas' aún no está terminado y que hay que seguir buscando la pieza que falta.

El S.A. nunca acepta un cliente que no tenga las características adecuadas. La elección del inquilino es un compromiso a largo plazo sobre el cual no está dispuesto a transigir. Sus ingresos mensuales dependerán de ello.

"El S.A. siempre elige a su inquilino. No al revés"

"El S.A. siempre elige a su inquilino. No al revés"

A

l S.A. le gustan las personas que se sienten apreciadas y que aprecian el bien que han alquilado.

Por estas razones, elogia a su inquilino con frecuencia y mejora su propiedad cada vez que puede.

"El S.A. conoce muy bien el significado de las palabras oír y escuchar"

"El S.A. conoce muy bien el significado de las palabras oír y escuchar"

L

a primera es uno de los cinco sentidos mientras que la segunda es un arte que pocos conocen, la diferencia entre las dos acciones está en la voluntariedad y predisposición.

El S.A. ejerce el arte de la escucha de manera ejemplar. La utiliza como herramienta para entender los problemas, para verlos llegar de lejos sin ser sorprendido. Es una predisposición prudente que no evita la aparición de inconvenientes, sino que amortigua su impacto y facilita su solución.

El S.A. siempre escucha con atención a su inquilino.

"El S.A. decora sus inmuebles según el gusto del mercado, pero no necesariamente siguiendo las últimas tendencias"

L

as modas son volátiles, especialmente en los aspectos más extravagantes. Reestructurar no es tan fácil como cambiarse los zapatos o el corte de pelo.

El S.A. prefiere optar por las cosas sobrias y elegantes que pueden ser fácilmente personalizadas. Lo más importante es agradar a muchos por el mayor tiempo posible, para optimizar al máximo el rendimiento del inmueble.

"El S.A. tiene un buen contador"

S

abe muy bien que hay dos formas de pagar impuestos. La súperficial y la correcta.

El S.A. nunca evade impuestos, pero siempre busca la mejor forma legal para pagar lo menos posible.

Además, su contable está siempre actualizado sobre todos los incentivos fiscales y bonificaciones de reestructuración que el Estado pone a disposición para renovar el patrimonio inmobiliario y mantenerlo en perfectas condiciones. El S.A. nunca se pierde uno.

"Al S.A. le encanta pagar comisiones a los agentes inmobiliarios"

L

as considera catalizadoras de negocios y no un gasto de dinero evitable.

"Frente a la posibilidad de vender un inmueble que está generando ingresos, el S.A. nunca dice que no. Calcula con exactitud, para luego decir a qué precio"

E

l S.A. nunca propone precios exagerados que no tengan sentido. Sería ofensivo para el comprador y una pérdida de tiempo para sí mismo.

Si la oferta cubre el valor de mercado más las ganancias de los próximos cinco años, no hay razón para rechazarla. El S.A. compraría otro inmueble a buen precio y se quedaría con la diferencia. ¿Por qué esperar?

La mayoría de los propietarios no se sentirían cómodos vendiendo una propiedad que está generando ingresos. Sentiría que está haciendo algo estúpido, como ceder un ingreso fijo a otra persona. No hay nada malo desde el punto de vista financiero si se hace al precio adecuado. El S.A. sabe bien cómo calcularlo.

"Al S.A. no le gusta utilizar Airbnb para alquilar sus apartamentos y sólo lo usa cuando busca un alojamiento para ir de vacaciones"

E

l S.A. piensa que se puede trabajar en Airbnb utilizando un apartamento, pero no que sea una forma de optimizar los ingresos por alquiler de una propiedad.

Hay una gran diferencia entre el arrendamiento a largo y corto plazo. La diferencia no es sólo en el precio, sino también en la gestión que requiere compromiso y trabajo constante.

Al S.A. no le gusta ser un hotelero o un rentador de cuartos a menos que sea su negocio.

"Al S.A. sólo le gusta Airbnb cuando lo usa su inquilino"

"Al S.A. sólo le gusta Airbnb cuando lo usa su inquilino"

E

l S.A. no tiene problema si su inquilino usa el apartamento para ganar dinero con Airbnb. Siempre que se aclare desde el primer momento y se especifique en el contrato de arrendamiento.

El S.A. percibe en este caso una renta más elevada y exige que el trabajo se realice de manera profesional, manteniendo el inmueble en condiciones impecables.

"El S.A. no tiene miedo de invertir en inmuebles en el extranjero si son más rentables"

"El S.A. no tiene miedo de invertir en inmuebles en el extranjero si son más rentables"

H

oy los medios de transporte son rápidos y económicos.

Los de comunicación lo son aún más.

Entonces, ¿por qué el S.A. debería limitarse únicamente al mercado nacional?

"El S.A. no tiene gustos especiales con respecto a los bienes raíces que adquiere"

"El S.A. no tiene gustos especiales con respecto a los bienes raíces que adquiere"

S

i opta por comprar un apartamento en lugar de una oficina o un local comercial sólo depende de la rentabilidad anual.

El S.A. siempre obtiene la respuesta del estudio de mercado que realiza.

"El S.A. habla inglés"

D

e lo contrario, no se avergonzaría de usar el traductor de Google para comunicarse con el inquilino de su apartamento en el extranjero.

Despedida

El S.A. no nació con S de Súper

La S de Súper la ha adquirido con el tiempo, junto con la experiencia que lo caracteriza como tal. Cualquiera puede ganarse la S si está dispuesto a estudiar el mercado y entrar en juego.

El S.A. lo hizo y tomó el camino correcto, súperando los obstáculos sin desviarse nunca.

El S.A. sabe que puede ganarse la S de súper también en otros ámbitos, tanto del mundo de los negocios como de la vida privada.

Es posible convertirse en Súper Empresario, Súper Profesor, Súper Mamá, Súper Emigrante, Súper Papá, Súper Amigo, Súper Artista, Súper Pastelera, Súper Viajero, Súper Tío e incluso Súper Campeón.

El concepto de Súper es muy elástico y se adapta a cualquier figura.

¿Estarás dispuesto y podrás adaptarte a él?

El S.A. y yo creemos que tú puedes, te agradecemos por leer este libro y te deseamos un buen trabajo.

Buena suerte con eso.

Danilo Di Nuzzo

About the Author

Danilo Di Nuzzo is a consultant, businessman and real estate investor. His first book THE ART OF SELLING YOUR ART has been FIRST for downloads in its category during the days of its promotion. Danilo's mission is to guide all artists on how to sell their works of art and live off their talent without having to look for another job. He teaches you how to create a powerful artist brand, and a successful sales strategy. His message is simple and direct: If an artist wants to live off the income of his art, he has to learn to sell his works. There is no way to reach success and money, if he is not the best seller for his works. The book explains how to achieve it with simple steps and in a short time. If you want to work directly with Danilo, you can contact him on Instagram: @el_arte_de_vender_tu_arte or on Facebook Danilo Di Nuzzo. English, spanish and italian spoken.